AF586907

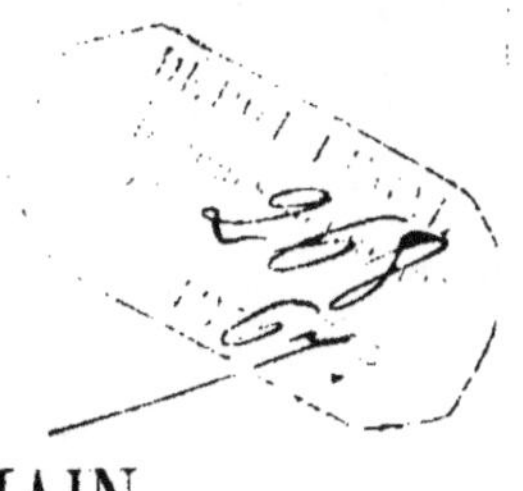

MARSEILLE

D'HIER, D'AUJOURD'HUI, DE DEMAIN

ÉTUDE LOCALE

Lecture faite à l'Académie de Marseille, en la Séance publique du 2 Juin 1867.

PAR

S. BERTEAUT

Secrétaire Honoraire de la Chambre de Commerce de Marseille

MARSEILLE

TYPOGRAPHIE Ve MARIUS OLIVE

RUE PARADIS, 68

1867

Tiré à 100 exemplaires.

ÉTUDE LOCALE

MARSEILLE

D'HIER, D'AUJOURD'HUI, DE DEMAIN.

Dans cette circonstance solennelle où l'Académie daigne nous accorder la parole, et où un public d'élite nous fait l'honneur de nous écouter, notre intention est de vous entretenir de Marseille, notre cher pays.

Usant du triste privilége que l'âge nous accorde, nous vous dirons comment nous avons vu Marseille dans notre enfance, qui était un peu la sienne, malgré ses 2,500 ans d'existence. Nous vous signalerons, en second lieu, les progrès dont vous êtes journellement témoins et qui caractérisent la cité actuelle. Enfin, nous essayerons de soulever le voile du temps pour vous découvrir quelques perspectives de l'avenir.

Un demi-siècle au plus s'est écoulé depuis l'époque dont nous esquisserons d'abord la physionomie, et cependant la génération nouvelle aura de la peine à croire à la fidélité de notre portrait, tant le changement est grand, tant la métamorphose est complète.

Enfant du premier Empire, nous allons tâcher de peindre Marseille à cette époque, qui a sans doute des côtés glorieux, mais qui a aussi ses grandes misères.

Le trait principal, celui qui est resté le plus profondément gravé dans notre mémoire, c'est le port.

Notre bassin, dans sa grande surface, ne renfermait qu'un petit nombre de barques de cabotage, et le long du quai nord, — le seul qui existât du reste, — étaient rangés quelques gros navires des navigations lointaines. Voués aux vers taraudeurs et à la démolition, ces nobles vestiges d'une puissance commerciale anéantie par la guerre, montraient à leur poupe la face mélancolique de leur vieux gardien et les museaux allongés de leurs caniches. Rien de plus affligeant que cette suite monotone de navires dépouillés de leurs agrès et dont les bas-mâts étaient coiffés de barils destinés à les protéger contre les infiltrations de la pluie.

Les domaines du canal et de Rive-Neuve, bâtis dans des jours de prospérité sur les anciens emplacements de l'arsenal et des galères, étaient fermés et vides par cessation de commerce.

Absence complète de vie et de mouvement dans cette partie du port si animée depuis lors. Une machine à mâter sans emploi et hors de service, cinq ou six pontons abandonnés, quelques bois flottants, une pégoulière en ruine, un rivage à moitié pavé, où des enfants déguenillés venaient chercher des crabes, faute de pain : tel était le triste spectacle que, sur l'une et sur l'autre rive également désolée, présentait notre bassin.

N'oublions pas, comme trait final, la chaîne qui fermait ce port, véritablement prisonnier.

Dans le lointain, par intervalle, on entendait le canon des

croisières ennemies qui retentissait bien douloureusement dans le cœur des épouses et des mères. Les victoires remportées si chèrement sur les Russes ou les Autrichiens consolaient peu les femmes de l'absence de leurs maris et de leurs enfants, retenus sur les pontons d'Angleterre, et la gloire des bulletins qu'on criait dans les rues ne rassasiait pas davantage les pauvres gens qui manquaient de pain et en étaient réduits à recueillir le sang des abattoirs pour assouvir leur faim.

L'entrée d'un navire porteur de quelques sacs de blé, de quelques ballots de morue était un événement. Le pain valait 17 sous le kilogramme !.. jugez du reste !.. Cependant, le croirait-on, quand les consommateurs manquaient de tout, nous avons vu brûler en place publique des chargements entiers de marchandises !.. Ainsi l'exigeait la consigne du blocus continental.

Le commerce, privé de relations, n'avait d'autre ressource que de se faire corsaire ou contrebandier ; mais comme les frégates anglaises gardaient la mer, et les douaniers français la terre, ces deux industries étaient passablement aléatoires et peu de gens s'y aventuraient.

Les fortunes qui ont pu se faire avec la fraude ou les prises étaient une faible compensation des prodigieuses misères qu'engendraient la prohibition et la guerre, presque synonymes.

Les temps ont bien changé, Dieu merci ! A cette heure, la course et la contrebande n'ont plus leur raison d'être. La guerre et la prohibition ont disparu, il faut l'espérer, pour toujours, remplacées par la liberté des échanges et des mers.

Dans ce bassin qui reproduit aujourd'hui le phénomène de la Mer Morte et sous lequel aucun être vivant n'habite, les pêcheurs calaient alors leurs filets avec succès. Les eaux étaient devenues vives et poissonneuses.

Pendant que les loups et les mulets sautaient à l'aise au milieu du port, l'herbe poussait en pleine Cannebière.

Les quartiers les plus marchands ne comptaient plus que des boutiques sans chalands qu'on fermait de bonne heure pour économiser l'éclairage. Les rues Noailles et Saint-Ferréol n'avaient pas encore leurs airs de capitale; c'étaient de simples villageoises. Le cours Bonaparte, aujourd'hui siége des demeures les plus aristocratiques, semblait relégué à la campagne; il n'avait pour toute construction qu'un vaste hangar abritant quelques obus et quelques canons. La lune était, presque partout, chargée du luminaire des rues, et le mistral du nettoiement.

Les servitudes militaires, inexorables dans ce temps, pesaient sur le quartier Saint-Lambert tout entier et condamnaient à la dent des chèvres toutes les hauteurs environnantes. Quelques guinguettes et quelques huttes de pêcheurs qui ne dépassaient guère l'art architectural des castors, occupaient la place où se trouve aujourd'hui toute une ville en germe.

La Réserve n'était pas encore, tant s'en faut, le restaurant renommé de Roubion; elle n'avait rien de commun avec ce palais de la gastronomie, si coquet et si élégant, qui domine la mer de sa magnifique terrasse. La Réserve était une construction en planches adossée aux remparts et pouvant contenir à peine deux convives de front. C'est là qu'allaient banqueter, à un petit écu par tête, les millionnaires du temps dans leur jour de fête et d'extrà.

Le bilan de l'Empire se soldait à Marseille par une population de 80,000 âmes, aux trois cinquièmes féminines et nous pourrions ajouter faméliques, par un budget municipal de moins de deux millions, et par un rendement de douane qui atteignait à peine F. 6,700,000.

La Restauration, si bien nommée, fit fleurir la paix et le commerce; mais Marseille avait tant souffert, que sa convalescence fut longue. Il fallait réparer peu à peu les brèches faites aux finances et aux familles. La vie avait remplacé la mort. Les populations se reformaient, les immeubles étaient redevenus productifs, mais la ville s'agrandissait et s'embellissait peu. Les maçons fonctionnaient plus que les ingénieurs et les architectes; on réparait, voilà tout. On allait au plus utile et au plus pressé. Dans cet intervalle de quinze ans qui ne furent pas perdus pour le travail de la pensée, on ne peut guère citer, en faits de travaux publics, que la digue Dieudonné, le bassin du Carénage et l'Arc de Triomphe de la Porte d'Aix.

L'apogée de cette période, surfaite par les uns et trop rabaissée par les autres, présentait une recette municipale de 2,500,000 fr. et une population de 130,000 âmes. La justice nous fait un devoir d'ajouter que la Restauration, en expirant, nous léguait une conquête bien glorieuse pour la France et bien précieuse pour Marseille. Sous ce rapport, elle a droit à notre reconnaissance et peut revendiquer sa part des prospérités commerciales qui lui ont succédé.

Marseille participe au mouvement intellectuel de cette epoque éminemment littéraire : elle envoie à Paris Capefigue, Thiers, Méry, Barthélemy, Louis et Charles Reybaud, qu'allèrent rejoindre plus tard Eugène Guinot, Gozlan, Delord, Amédée Achard, Autran et Van Gaver, tous enfants de Marseille. La presse et l'association, deux puissances nouvelles, donnent signe de vie partout. On fonde ici des journaux, des revues, un Athénée, des cours publics. On organise des comités pour la propagation des lumières; on entretient des foyers d'instruction; les belles-lettres fleurissent alors; mais les découvertes de la science sont peu appliquées.

On mettait encore neuf jours, avec la diligence accélérée, pour se rendre de Marseille à Paris; on pétitionnait pour la franchise du port ; on rêvait des priviléges impossibles; on proscrivait les docks et la houille comme productions anglaises ; on ne croyait guère à l'économie politique et à la vapeur. On ne prenait pas au sérieux les chemins de fer; le fait est que celui de Saint-Etienne, l'unique échantillon qui existât alors en France, laissait beaucoup à désirer ; le cheval y remorquait plus d'une fois la locomotive.

Le premier pyroscaphe qui, en 1823, aborda notre port, fut signalé par la vigie comme un navire ayant le feu à bord. La cloche de la Consigne donna le signal d'alarme, et le président semainier de l'Intendance sanitaire, M. Plasse, de respectable mémoire, fit préparer les pompes pour éteindre l'incendie.

M. Falguière, contre-maître du premier moulin à vapeur créé à Marseille, nous a raconté lui-même que les femmes, en le voyant passer, faisaient le signe de la croix. Elles croyaient ainsi exorciser le diable qui seul pouvait, disaient-elles, fabriquer de la farine avec du feu.

Comme on le voit, à cette époque brillante sous tant d'autres côtés, bien des ténèbres régnaient encore, bien des progrès restaient à faire.

La Révolution de Juillet fit trembler un instant les amis de la paix, mais une main ferme ne tarda pas à mettre bon ordre aux turbulences. La confiance et la sécurité revinrent, et avec elles l'industrie et le commerce.

Marseille, rétrograde sous le premier Empire, presque stationnaire pendant toute la Restauration, fit des progrès sensibles à partir de 1830.

L'ouverture de Long-Champ, trop marchandée à son auteur, date de cette époque. C'est le prélude modeste des grandes expropriations accomplies plus tard pour cause d'utilité publique. M. Bernex, qui n'avait pu appliquer ses larges idées à Long-Champ, prit une éclatante revanche au Prado.

Avant cette importante création, le Marseillais était condamné à rester sur place ; il avait pour unique but de promenade le Château-Vert ou le jardin Sarrète, c'est-à-dire l'option de la poussière sur la grande route d'Aix ou sur le chemin de la Magdeleine.

Le bord de la mer, depuis Montredon jusqu'à Endoume, était une plage presque ignorée. M. Bernex, en créant le Prado, ouvrit à tout le monde un golfe merveilleux dont la jouissance, faute d'accès, était le privilége presque exclusif de quelques propriétaires riverains.

Cinq ou six carrosses consacrés aux noces et aux baptêmes, autant de chaises à porteur et quelques carrioles de campagne, composaient tout le luxe des équipages. L'ouverture du Prado donna le goût des voitures et des chevaux, qui trouvaient enfin un champ de course et d'exercice convenable, et à partir de cette époque, le nombre des équipages est allé sans cesse croissant, comme un thermomètre de la prospérité publique.

Rome eût élevé, de son vivant, une statue au citoyen qui s'est ruiné pour embellir son pays. Marseille a fait son fils maire, après sa mort.

La population arrive au chiffre, jusqu'alors inconnu, de 150,000 âmes et manque de l'eau nécessaire à son existence. Marseille est rationnée comme un équipage, et des sentinelles sont commises à la garde de ses fontaines. On songe sérieusement à faire venir de l'eau du Rhône en barriques ; mais on se ravise et on s'arrête à un expédient moins précaire ; on charge la Durance de venir elle-même ; on vote le Canal de Marseille !

Après dix ans, l'eau atteignait notre territoire. Elle a été distribuée dans nos murs avec une abondance capable de suffire aux besoins d'une population et d'une industrie presque illimitées, et de plus, à la fertilisation du sol.

On comprend ce que devait être, avant le Canal, notre campagne, si toutefois on pouvait appeler de ce nom un territoire calciné, où l'œil ne rencontrait pas un brin de verdure. On faisait la partie de Gémenos et de Saint-Pons tout exprès pour voir un échantillon d'eau courante et de prairie, et l'on revenait enchanté de ce double phénomène.

Si l'on songeait sérieusement à tous les bienfaits du Canal, on marchanderait moins la gloire de ses auteurs; on ne regretterait pas des millions si lucrativement dépensés. L'existence de 350,000 âmes en dépend. Notre reconnaissance ne saurait placer sur un trop haut piédestal les citoyens que ne rebutèrent ni les difficultés ni les obstacles, et qui, avec des ressources limitées, osèrent entreprendre et surent conduire à bonne fin une œuvre gigantesque, travail de simple Commune qui ferait honneur à un grand État.

L'eau de la Durance arrivait à peine, qu'une autre insuffisance se faisait sentir. Le port de Marseille était devenu trop étroit. La charge d'y pourvoir incombait au gouvernement.

Les quais furent d'abord agrandis avec l'aide financier de la Chambre de Commerce. Bon nombre de mes lecteurs peuvent se rappeler ce temps où les beauprés des navires menaçaient le voisinage si rapproché des maisons, où le charroi et le débarquement des marchandises étaient impraticables faute d'espace.

Quelques vieux Marseillais, espaliers vivants, protestèrent contre les premiers coups de pioche qui allaient, disaient-ils, diminuer leur soleil et porter atteinte à la sécurité du port : mais la suite a prouvé l'exagération de leurs doléances et l'utilité de la mesure.

A cette heure, les oisifs peuvent, comme autrefois, se mettre à l'abri du mistral et assister, sans perdre un rayon de soleil, au plus beau des spectacles : celui de l'activité et du travail.

Vous avez été témoins de cette forêt de mâts au milieu desquels fumaient quelques cheminées, et vous avez frémi à la pensée des désastres que pouvait occasionner un incendie dévorant autant de richesses. L'encombrement était tel que le bénéfice du fret était compromis par les frais de starie. L'entrée et la sortie du port exigeaient les manœuvres les plus compliquées. Pour peu que la situation s'aggravât, le port devenait impossible. Le gouvernement se préoccupa de ces dangers et, pour y mettre fin, décréta la création d'un bassin auxiliaire. C'était un bienfait réel ; mais telle est la force des habitudes, que cet inappréciable service fut reçu avec méfiance. Jamais, disait-on, des jetées en pleine mer ne résisteront à la force des courants et à la violence du mistral. Le bassin, une fois terminé, fut mis à l'index ; mais le temps a fait justice de ces préjugés ; les blocs de l'habile ingénieur Pascal n'ont pas bougé, les ancres des navires tiennent ferme et, à l'heure qu'il est, le port de la Joliette, apprécié à sa juste valeur, rend les plus grands services.

En résumé, Long-Champ, le Prado, le boulevard National, la Cité-Bergère, le Canal de Marseille, l'agrandissement des quais, le port auxiliaire, constituent les principales créations de cette époque laborieuse et pacifique, dont les œuvres sont empreintes d'un cachet particulier d'utilité et de grandeur, et que représentait si bien M. de La Coste, préfet capable et modeste dont Marseille garde le souvenir.

La République elle-même, c'est une justice à lui rendre, ne resta pas étrangère aux embellissements de Marseille. Elle peut revendiquer l'honneur d'avoir créé une des plus admirables promenades, celle du chemin de ceinture qui longe la mer et qu'exécutèrent les ateliers nationaux. C'est à cette époque aussi que fut posée la première pierre de la nouvelle Bourse. Il est probable qu'un gouvernement moins osé et tuteur plus sévère, n'aurait peut-être pas autorisé une entreprise de neuf millions, qui dépassait les facultés financières d'une Chambre de Commerce. Procurer du travail aux ouvriers, coûte que coûte et quand même, telle était l'idée fixe et l'unique préoccupation de nos gouvernants improvisés. Cette théorie dangereuse et trop souvent stérile a produit de bons effets à Marseille; nous lui devons notre chemin de la Corniche et notre palais du Commerce.

L'Empire, — c'est du second que nous voulons parler, — donna une vive impulsion aux travaux marseillais. Un de nos plus brillants administrateurs, M. le vicomte de Suleau, consigna dans un remarquable rapport tout un plan nouveau dont l'exécution devait fournir à Marseille les établissements maritimes qui lui manquaient et les ressources nécessaires à la création d'une nouvelle ville.

Ce plan consistait à niveler les terrains de l'ancien Lazaret et à conquérir sur la mer des superficies considérables, que les Docks pouvaient utiliser en partie et dont le reste devait être vendu à l'industrie privée. Je n'ai pas besoin de vous dire combien ces prévisions, d'abord considérées comme exagérées, ont été sanctionnées par le temps au-delà de toute espérance.

Un homme de puissante initiative et qui a donné la première impulsion aux constructions vraiment monumentales de la Joliette, M. Mirès, acheta au prix de vingt millons, tous les terrains devant provenir de l'expropriation du Lazaret et des conquêtes sur la mer. Cette vente en bloc constitua pour la ville une ressource immédiate et inespérée qu'il aurait fallu attendre pendant de longues années avec un système de ventes partielles. Cette intelligente opération a devancé peut-être d'un demi-siècle les grands établissements maritimes qui nous donnent aujourd'hui les bassins des Docks, deux nouveaux ports, dix mille mètres de quai, et cette nouvelle ville qui a substitué des habitations élégantes, commodes et aérées aux masures insalubres d'une partie de nos vieux quartiers.

Depuis l'Empire, la truelle ne s'est pas reposée : la cité grandit à vue d'œil. Les édifices ont surgi comme par enchantement. On a bâti une résidence Impériale, une Préfecture, un Palais de Justice, un Observatoire, des casernes, des hôpitaux ; on a planté des squares, installé des parcs, un Jardin Zoologique, des champs de course ; on prodigue le marbre, on mène de front une Cathédrale bysantine, une Église gothique et un Sanctuaire de style roman ; on perce des boulevards et des rues, on renouvelle des plantations d'arbres, on améliore le système des égouts et la viabilité de plusieurs quartiers ; on installe de nouvelles halles et de nouveaux marchés; on prépare des logements grandioses pour nos dépôts littéraires, pour nos collections scientifiques et nos objets d'art ; on étend les lieux de sépulture; on établit des crèches, des ouvroirs, des écoles et des asiles populaires.

On se demanderait comment on peut subvenir à de pareilles charges, si on ne connaissait le chiffre exorbitant des impôts et le système ingénieux des emprunts et des amortissements à long terme, qui tend à mettre au compte de l'avenir une partie des dépenses du présent, dont nos neveux plus que nous doivent recueillir les fruits.

Nous tenons à être sobre de noms propres ; toutefois, nous ne pourrions, sans ingratitude, ne pas mentionner ici la part active que l'administration défunte de M. de

Maupas a prise à ces grands travaux, dont MM. Honnorat et Onfroy, maires prévoyants et travailleurs, avaient tracé le programme et préparé les voies et moyens.

Marseille, dont nous avons signalé les rapides progrès, est appelée aux plus hautes destinées; elle peut aspirer à la succession des grandes métropoles déchues qui, à tour de rôle, ont dominé le monde par la puissance commerciale.

La création de la marine à vapeur a beaucoup fait pour rétablir la prépondérance du littoral méditerranéen si compromise par la découverte de Gama, mais la glorieuse entreprise de M. de Lesseps doit faire bien plus encore.

Toutes les villes riveraines de la Méditerranée et de l'Adriatique profiteront, dans une certaine mesure, des bénéfices produits par le raccourci de Suez; mais c'est Marseille surtout qui en recueillera les fruits.

Demain, — vous pouvez en croire un témoin qui a déjà assisté aux fiançailles, — la mer Rouge sera unie à la Méditerranée, et ce jour-là inaugure pour Marseille une ère de prospérité inouïe. Les Indes seront à nos portes. Nos vaisseaux, désormais affranchis du *Cap des Tempêtes*, traverseront le désert sur l'ancienne route des caravanes, et, multipliant leur va-et-vient, deviendront des instruments plus actifs de richesse et de meilleurs conducteurs de civilisation.

Vainement quelques villes italiennes, situées plus en ligne droite de l'Égypte et se prévalant de l'avantage d'une centaine de lieues de moins, convoitent la suprématie et aspirent au sceptre de la Méditerranée.

La véritable reine de cette mer qui a joué un si grand rôle dans le passé et qui doit en jouer un plus grand encore dans l'avenir, c'est Marseille. Travaillant de longue main, elle seule est prête pour recevoir l'abondante moisson qui se prépare.

Ses cent hectares d'eau abritée et utilisable, ses quinze kilomètres de quai, ses docks d'une contenance de 150,000 tonnes, ses immenses bassins de radoub en cours d'exécution, ses chantiers et ses ateliers renommés; en un mot, ses établissements grandioses qui contrastent avec les installations des ports concurrents, assurent à notre chère cité une prépondérance incontestable. C'est ainsi que la prévoyance des gouvernements vient puissamment en aide à la prospérité des pays et aux conquêtes du temps.

Ce n'est pas une illusion de notre patriotisme, croyez-le bien, déjà nous entrevoyons le moment, — plus prochain qu'on ne croit, — où Marseille deviendra le principal aboutissant des Indes et le premier entrepôt commercial du monde. Les Anglais, ceux même qui, hier, bloquaient notre port et couvraient nos côtes de leurs boulets, rechercheront notre hospitalité et nous apporteront leurs marchandises et leur or. Leurs grandes maisons établiront des comptoirs ici, et nos quais et nos magasins seront comme la continuation de ceux de Londres et de Liverpool.

Les Compagnies qui percent de nouveaux quartiers ont l'instinct de cet avenir; elles préparent des logements à la population prochaine. Leurs innombrables constructions sont en grande partie vides et improductives; mais, n'en doutez pas, toutes et bien d'autres encore se peupleront un jour. Ce qu'on considère à cette heure comme un acte de folie pourrait bien n'être qu'un acte de sage prévoyance.

Telles sont les idées qu'il faut entretenir. Soutenons, en leur montrant ces belles perspectives, les capitaux qui s'aventurent ici, au lieu de les accueillir avec méfiance et de les décourager par nos doutes.

Avec la continuation de la paix et le percement de l'isthme de Suez, nous avons la conviction que, dans un avenir prochain, notre commerce maritime aura doublé et notre population aussi.

Alors, cette rue Impériale dont M. Lagarde eut l'heureuse pensée, et qui a, pour le moment, un voisinage si peu digne d'elle, sera dégagée de la double montagne qui la surplombe; ses amorces s'allongeront à droite et à gauche; la truelle aura fait surgir de nouvelles merveilles, la vieille ville tout entière sera régénérée et éclipsera à son tour les quartiers neufs qui l'avaient supplantée.

Ce n'est pas tout : la consolidation de la paix permettra de continuer les fondations de la nouvelle cité interrompues par la crainte de la guerre. Les quatre cents maisons dont on n'a posé encore que la première pierre seront toutes construites et habitées.

Les précieuses surfaces conquises sur la mer ne présenteront plus l'aspect de steppes désolées; elles auront fait place à des rues vivantes dont les belles lignes architecturales pourraient bien, un jour, s'allonger jusqu'au cap Pinède.

Alors de nouvelles montagnes auront été jetées au fond des eaux, les digues auront marché et atteindront la limite extrême de notre littoral, formant une succession d'établissements maritimes sans égale dans le monde.

Le côté Sud ne sera point resté stationnaire. Alors sera tombé ce fort que Louis XIV appelait sa bastide et qui n'a plus sa raison d'être; alors auront disparu toutes ces servitudes militaires qui créent des maux réels pour conjurer des dangers imaginaires, et qui arrêtent l'essor des cités; alors auront été conduits à bonne fin tous ces travaux utiles projetés dans le voisinage des Catalans. Les merveilles de la Joliette auront leur digne pendant dans une partie de Marseille aujourd'hui un peu deshéritée.

Qu'aucun intérêt ne prenne ombrage de la création du bassin méridional; il y aura du travail et de l'aliment pour tous. Les ports auront chacun leur spécialité et se prêteront des services mutuels. D'un côté la voile, de l'autre la vapeur.

On ne pourra plus dire que Marseille est une grande ville où il n'y a rien de grand. Les nombreux édifices d'utilité publique qui sont en cours d'exécution auront reçu leur entier couronnement. La Douane, aujourd'hui locataire de ses bureaux, sera propriétaire d'un hôtel grandiose, l'Hôtel-de-Ville, mis à la hauteur de ses nouveaux besoins, réalisera les plans du Puget; la Bourse, dégagée des maisons qui l'étreignent de toute part, sera entourée de places plantées de beaux arbres; l'Eglise des Augustins se transportera ailleurs et ne pourra que gagner à son changement de domicile.

La chapelle de la Vierge-de-la-Garde, chef-d'œuvre de légèreté et de grâce, la Bibliothèque, le Conservatoire de musique et l'École de dessin, exécutés sur de larges proportions, présenteront des sanctuaires convenables à la piété des fidèles et aux études des savants et des artistes.

Alors sera exécuté le projet conçu par MM. de Montricher et Gassend, d'ouvrir un vaste boulevard de ceinture qui aura son point de départ sur la plage de Montredon. Ce boulevard suivra le cours de l'Huveaune jusqu'à la route de Toulon, entre la Capelette et Saint-Loup, se développera dans la vallée de Saint-Jean-du-désert et enveloppera ensuite, suivant une ligne demi-circulaire, le gros bourg de Saint-Barnabé et les villages de Saint-Just et de Saint-Barthélemy. A la hauteur du Canet, ce boulevard se dirigera en ligne droite vers la mer, dans l'anse de la Madrague, entre le cap Pinède et le cap Janet.

Cette magnifique création sera complétée par le prolongement, jusqu'à la Madrague, de la voie principale qui traverse la ville du sud au nord. La grande ligne qui s'étend depuis le rond-point jusqu'à l'arc de triomphe sera la corde de cet immense arc de cercle formé par le boulevard extérieur, et Marseille aura ainsi le Prado du nord qui ira, comme celui du midi, aboutir à la mer, en conduisant vers cet autre Montredon qu'on appelle Saint-André et Saint-Henri.

Alors, on verra les bords du Jarret transformés en une splendide promenade, et la colline, aujourd'hui dénudée, de la Vierge-de-la-Garde, sera couronnée de bois, comme au temps de César.

L'église ogivale et fleurie qui fait face aux Allées, la Cathédrale bysantine dont les cinq dômes doivent planer sur les nouveaux ports, le Musée et le Museum si gracieusement réunis par un hémicycle grec, seront complètement achevés et témoigneront de la puissance financière de Marseille et de l'habileté de ses architectes.

Constatons-le avec satisfaction, le Canal qui fait aujourd'hui son entrée si modestement, arrivera pour ainsi dire sous un arc de triomphe et tombera en cascade du plateau de Longchamp; alors auront été réparés deux oublis regrettables : le marbre de M. de Montricher figurera sur ce point culminant, vis-à-vis celui de M. Consolat. C'est une dette de reconnaissance que Marseille a contractée envers l'Ingénieur et le Magistrat créateurs du Canal, et que la postérité, déjà venue pour eux, doit acquitter sans retard.

Alors des haies vives remplaceront toutes ces murailles qui dégradent notre paysage.

Alors, tous les chevaux de force hydraulique que nous fournit la Durance auront été appliqués aux diverses branches d'industrie et contribueront à la richesse du pays; alors les bassins de décantation ou les graviers filtrants fonctionneront avec succès, et les eaux du Canal aujourd'hui boueuses, auront une transparence cristalline et réaliseront un des rêves les plus chers aux Marseillais.

Alors Marseille aura un budget de 30 millions et six cent mille habitants.

Alors..... mais je m'arrête; je n'en finirais point si je voulais marquer tous les pas que Marseille, cette vaillante marcheuse, peut faire dans la voie du progrès.

Je sens, à ma propre fatigue, que j'ai déjà dépassé la limite de temps que m'a octroyée votre bienveillante attention.

Si j'ai abusé un peu de votre patience, je réclame pour excuse l'intérêt même de mon sujet. On est bien pardonnable d'oublier les heures quand on parle de son pays.

www.ingramcontent.com/pod-product-compliance
Lightning Source LLC
LaVergne TN
LVHW052036160826
845678LV00003B/1387

* 9 7 8 2 3 2 9 6 3 5 1 6 3 *